Das große Erinnerungsbuch zum Ausfüllen

Oma, Erzähl Mal!

Jana Rothfeld

Erinnerung ist ein Weg, an den Dingen festzuhalten, die du liebst, an denen, die du bist und an denen, die du niemals verlieren willst.

....

Führe dieses Tagebuch, um dich an das Leben, das du gelebt hast, zu erinnern und es mit deinen Lieben, die nach dir kommen, zu teilen. Lass es ein Fenster zu deiner Seele werden und die Tür für dein Geschenk des Lebens an sie.

ZU:

....

VON:

....

ERINNERUNG AN ....

"Das, was wir eine Rose nennen,
würde bei jedem anderen Namen genauso süß duften."

- William Shakespeare, Romeo und Julia

Wie heißt du?

Hat dein Name eine Bedeutung? Wer hat ihn dir gegeben?

Magst du deinen Namen? Wenn du dir einen anderen geben könntest, welchen würdest du wählen? Warum gefällt dir der gewählte Name?

Die zwei wichtigsten Tage deines Lebens sind der Tag, an dem du geboren wurdest, und der Tag, an dem du herausfindest, warum.

Mark Twain

Wann und wo wurdest du geboren?

Kennst du die Umstände deiner Geburt?

"Wenn du in die Augen deiner Mutter schaust, weißt du, dass das die reinste Liebe ist, die du auf dieser Erde finden kannst."

- Mitch Albom

Erzähl uns von deiner Mutter..

Wie heißt sie?

Wie alt war sie, als sie dich zur Welt brachte? Was hat sie zu dieser Zeit beruflich gemacht?

Füge ein Foto von deiner Mutter ein

Wie war deine Beziehung zu deiner Mutter?

Was ist deine beste Erinnerung an deine Mutter?

Warum magst du diese Erinnerung am liebsten?

"Ich denke, ein Vater ist jemand, der bedingungslos liebt. Es gibt keine perfekte Formel dafür, wer ein Vater sein kann."

Julie Hebert

Erzähl uns von deinem Vater..

Wie heißt er?

Wie alt war er, als du geboren wurdest? Was hat er zu dieser Zeit beruflich gemacht?

Füge ein Foto von deinem Vater ein

Wie war deine Beziehung zu deinem Vater?

Was ist deine beste Erinnerung an ihn?

Warum magst du diese Erinnerung am liebsten?

"Ein Geschwisterkind ist die Linse,
durch die du deine Kindheit siehst."

Ann Hood

Falls du Geschwister hast,
füge ein gemeinsames
Foto mit ihnen ein.

Hast du Geschwister? Wenn ja, schreibe ihre Namen auf.
Beginne mit den ältesten Geschwistern. Wo stehst du in der Reihenfolge? Welche Beziehung hattest du zu jedem von ihnen.

Falls du ein Einzelkind bist, schreibe bitte unten auf, ob und wie viele Geschwister du gerne gehabt hättest.

Schreibe bitte die Namen deiner Geschwister in der Reihenfolge ihrer Geburt auf und auch, welche Beziehung du zu jedem Einzelnen hattest.

Falls du ein Einzelkind bist, hättest du dir Geschwister gewünscht? Wenn ja, aus welchen Gründen?

Denn in jedem Erwachsenen wohnt das Kind,
das war, und in jedem Kind wohnt der Erwachsene, der sein wird.

\- John Connolly

ERWACHSEN WERDEN

Wie sah dein Elternhaus aus?

Wie sah das Kinderzimmer aus, in dem du geschlafen hast? Hattest du ein eigenes Schlafzimmer?

Beschreibe mit möglichst vielen Details, wo du dich in deinem Elternhaus am liebsten aufgehalten hast?

Mit was hast du am liebsten gespielt? Hattest du ein Lieblingsspielzeug oder einen Lieblingsgegenstand? Beschreibe kurz, was du daran mochtest.

"Städte verändern sich, sie wachsen oder schrumpfen, aber Heimatstädte bleiben so, wie wir sie verlassen haben."

Jayne Anne Phillips

DEINE HEIMATSTADT

Erinnerst du dich an Nachbarn? Wie hast du dich als Kind mit ihnen verstanden?

Wer waren deine Kindheitsfreunde? Kannst du beschreiben, was an eurer Freundschaft besonders war?

Gab es für dich in deinem Heimatort einen Lieblingsplatz? Warum hat dir dieser Ort gefallen?.

"Erwachsene sind nur veraltete Kinder."

– Dr. Seuss

Falls du ein Lieblingshobby als Kind hattest, warum hast du es gewählt?

Wie sah für dich ein typischer Tag in deiner Kindheit aus? Kannst du ihn möglichst bildreich beschreiben?

"Der beste Weg, Kinder gut zu machen, ist, sie glücklich zu machen."

- Oscar Wilde

Warst du als Kind einmal verreist? Wenn ja, erinnerst du dich an einen Lieblingsort oder eine Lieblingsreise von damals?

Wenn Sie als Kind nicht verreisen durften, wo war der Ort, an den Sie gerne gegangen wären? Warum?

"Heute ist der älteste Tag, an dem du gewesen bist, und der jüngste, an dem du jemals sein wirst."

- Nicky Gumbel

Füge ein Foto einer Geburtstagsfeier deiner Kindheit ein.

Wie hast du als Kind normalerweise deinen Geburtstag gefeiert? Was war deine beste Geburtstagserinnerung?

"Niemand kann für kleine Kinder tun, was Großeltern tun. Großeltern streuen sozusagen Sternenstaub über das Leben von kleinen Kindern."

— Alex Haley

Füge, wenn möglich, ein Foto deiner Großeltern ein.

Wie war deine Beziehung zu deinen Großeltern?

Wie erinnerst du dich an sie? Hast du eine Lieblingserinnerung?

"Durch unsere Großfamilie lernen wir zuerst, Kompromisse zu schließen und zu verstehen, dass wir, auch wenn wir nicht immer einer Meinung sind, uns trotzdem lieben und aufeinander aufpassen können."

Sara Sheridan

Hattest du Onkel und Tanten? Wie hast du dich mit ihnen verstanden?

Bist du mit Cousins und Cousinen aufgewachsen? Wie war damals deine Beziehung zu ihnen? Besitzt du eine Lieblingserinnerung an sie?

"Es braucht Mut, um erwachsen zu werden und der zu werden, der du wirklich bist."

- E. E. Cummings

Füge ein Foto aus deiner Teenagerzeit ein

Hattest du in der Schule einen Lieblingslehrer? Was hat dir an ihm am besten gefallen?

Was war in der Schule dein Lieblingsfach? Warum hat es dir am besten gefallen?

Hast du eine besonders gute Erinnerung an deine Schule? Auf welche Leistung, während deiner Schulzeit, bist du besonders stolz?

"Jeder Freund repräsentiert eine Welt in uns, eine Welt, die möglicherweise erst durch diese Begegnung geboren wird, und nur durch diese Freundschaft wird eine neue Welt in uns geboren."

– Anais Nin

Füge ein Foto von dir und deinen Freunden ein

Erinnerst du dich an deine Freunde aus deiner Teenagerzeit? Kannst du deine Beziehung zu ihnen beschreiben?

Was war deine beste Erinnerung mit ihnen?

Hast du noch Kontakt mit ihnen? Weißt du, wo sie jetzt sind?

"Bleibe den Träumen deiner Jugend treu."

Friedrich Schiller

Welche Hobbys hattest du als Jugendlicher?

Woran hattest du als Teenager am meisten Spaß?

"Die Jugend kommt nur einmal im Leben."

Henry Wadsworth Longfellow

Erinnerst du dich an deine erste Verliebtheit als Teenager? Wie alt warst du damals? In wen hast du dich damals verliebt?

Erzähle die Geschichte von deinem ersten Schwarm.

"Jugend ist keine Lebenszeit; sie ist ein Geisteszustand; sie ist keine Sache rosiger Wangen, roter Lippen und geschmeidiger Knie; sie ist eine Sache des Willens, der Qualität der Phantasie, der Kraft der Gefühle; sie ist die Frische der tiefen Quellen des Lebens."

- Samuel Ullman

Kannst du Autofahren? Wenn ja, wer hat es dir beigebracht?
Gibt es dazu eine Geschichte, die du erzählen kannst.

Falls du nie Autofahren gelernt hast, bereust du es manchmal? Wenn ja, warum tut es dir Leid?

"Die Zukunft gehört denjenigen,
die an die Schönheit ihrer Träume glauben."

- Eleanor Roosevelt

Wie hast du in deiner Jugend mit Menschen in der Ferne kommuniziert?
Kannst du eine Geschichte darüber erzählen, wie ihr damals über weite Entfernungen miteinander Kontakt gehalten habt?

Erinnerst du dich, an wen du deinen ersten Brief geschrieben hast, und worum es darin ging?

"Harte Zeiten halten nie an, aber harte Menschen schon."

Robert H. Schuller

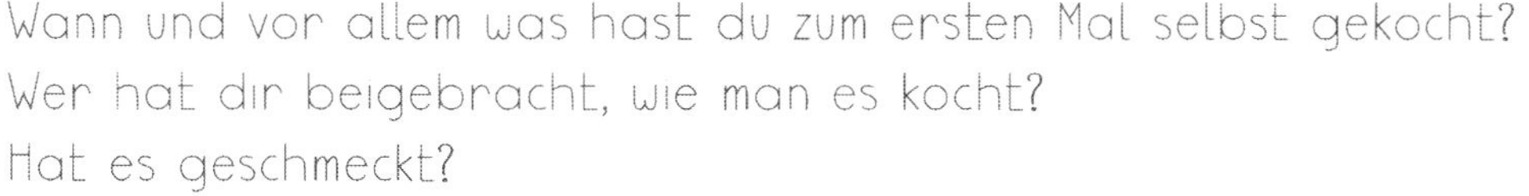

Wann und vor allem was hast du zum ersten Mal selbst gekocht?
Wer hat dir beigebracht, wie man es kocht?
Hat es geschmeckt?

Gibt es eine Geschichte von einem Abenteuer in der Küche? Wenn ja, dann erzähle sie.

Sei immer eine erstklassige Version von dir selbst, anstatt eine zweitklassige Version von jemand anderem.

– Judy Garland

Wann hast du zum ersten Mal gewählt?

Weißt du noch, für wen du gestimmt hast und welche Gründe du dafür hattest?

Welche nationalen Themen waren damals vorherrschend?

Auf welche Weise haben dich diese Themen beeinflusst?

"Das Leben ist eine Frage und wie wir es leben, ist unsere Antwort."

- Gary Keller

Was war deine erste große Anschaffung?

Warum wolltest du es dir selbst kaufen?
Musstest du sparen, um es dir leisten zu können?
Kannst du eine Geschichte darüber erzählen?

"Die erste Liebe ist nur ein wenig
Dummheit und eine Menge Neugier."

George Bernard Shaw

Wer war deine erste Liebe und wie habt ihr euch kennengelernt?

Kannst du die Geschichte deiner ersten Liebe erzählen und wie sie ausgegangen ist?

"Es gibt keine Liebe wie die erste."

—Nicholas Sparks

"Schwierig und sinnvoll wird immer mehr Befriedigung bringen als leicht und sinnlos."

- Maxime Lagacé

Was war für dich die größte Herausforderung am Erwachsenwerden? Erinnerst du dich an eine Situation, in der du dich als junger Erwachsener niedergeschlagen gefühlt hast? Kannst du davon erzählen?

"Hoffnung ist wichtig, denn sie kann den gegenwärtigen Moment weniger schwer erträglich machen. Wenn wir glauben, dass es morgen besser sein wird, können wir heute eine Not ertragen."

\- Thich Nhat Hanh

Wie bist du mit deiner Niedergeschlagenheit umgegangen?

"Es gibt nur zwei Arten, dein Leben zu leben. Die eine ist so, als ob nichts ein Wunder wäre. Die andere ist, als ob alles ein Wunder wäre."

- Albert Einstein

Was war für dich das Beste am Erwachsenwerden?
War deine Zeit als junger Erwachsener die beste Zeit? Kannst du darüber eine Geschichte erzählen?

"Nur in unseren dunkelsten Stunden können wir die wahre Kraft des strahlenden Lichts in uns selbst entdecken, das niemals, niemals, gedämpft werden kann."

– Doe Zantamata

Warum glaubst du, dass du heute diese Zeit als die beste deines Lebens erinnerst?

"Am Ende sind es nicht die Jahre in deinem Leben, die zählen. It's the life in your years."

- Abraham Lincoln

Wann bist du zum ersten Mal von zu Hause ausgezogen, um auf dich allein gestellt zu leben? Aus welchem Anlass bist du ausgezogen und wie ging es dir dabei?

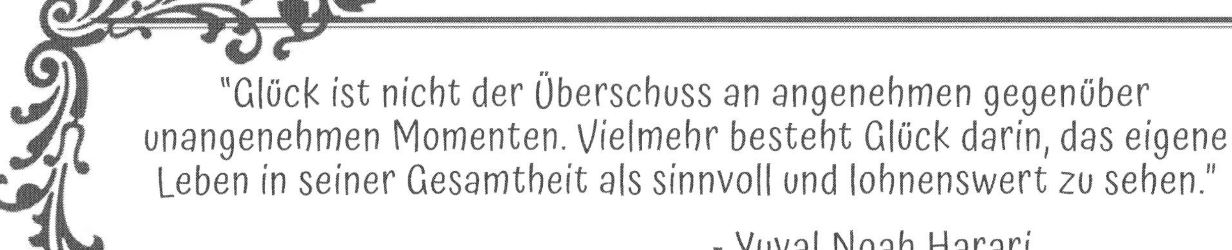

Bei welcher Gelegenheit hast du deinen Ehemann kennengelernt?
Wann und vor allem, warum hast du gewusst, dass er der Richtige für dich ist?

Erzähle deine Liebesgeschichte.

"Es gibt nur ein Glück in diesem Leben:
zu lieben und geliebt zu werden."

—George Sand

"Das Leben ist keine Sache von Meilensteinen, sondern von Momenten."

- Rose Kennedy

Aus welchem Grund hast du dich entschieden, ihn zu heiraten?

Erzähle eine Geschichte über eure Ehe.

"Nicht wie lange, sondern wie gut du gelebt hast, ist die Hauptsache."

- Seneca

Wann seid ihr in euer erstes Haus als Familie gezogen?
Was war als junge Familie ausschlaggebend für die Wahl eures Wohnorts?

Kannst du dein Leben mit deiner Familie in eurem ersten Haus beschreiben?

"Es gibt keinen Zauber, der der Zärtlichkeit des Herzens gleichkommt."

–Jane Austen

Welche Unterschiede gab es zu deinem Leben in deinem Elternhaus?

"Alle Reichtümer der Welt kommen nicht annähernd an das Glück heran, Kinder zu haben und eine Mutter zu sein."

Jocelyn Wildenstein

Was hast du empfunden, als du Kinder bekommen hast?

Hast du Erinnerungen an die Zeit deiner ersten Schwangerschaft? Kannst du sie aufschreiben?

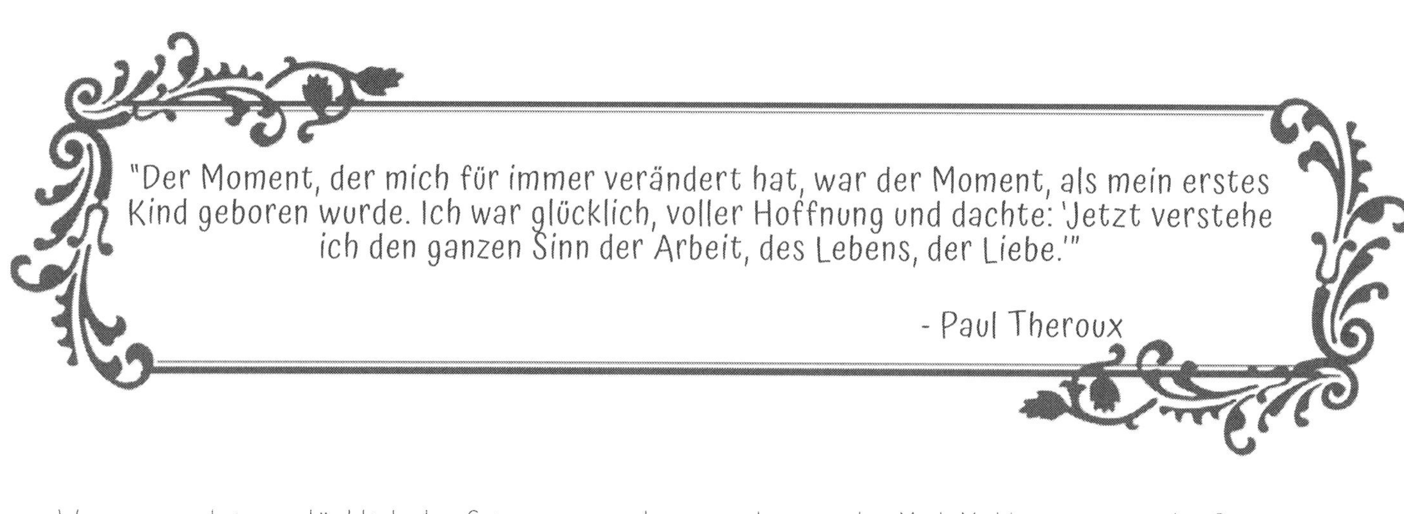

War war deine glücklichste Erinnerung daran, das erste Mal Mutter zu werden?

"Wir kennen die Liebe der Eltern
nicht, bis wir selbst Eltern werden."

– Henry Ward Beecher

Wollten dein Mann und du eine große oder eine kleine Familie haben? Wie kam es zu eurer Entscheidung?

FAMILIENBAUM

"Eltern sollen ihren Kindern nicht Reichtum vermachen, sondern den Geist der Ehrfurcht."

\- Plato

Was gefällt dir am besten daran, Mutter zu sein?

Warum gefällt es dir am besten?

"Eltern können nur gute Ratschläge geben oder auf den richtigen Weg bringen, aber die endgültige Formung des Charakters eines Menschen liegt in seinen eigenen Händen."

- Anne Frank

Wie hast du dich gefühlt, als du zum ersten Mal Großmutter wurdest?

Kannst du eine Geschichte über dein erstes Enkelkind erzählen und welche Gefühle du damals hattest?

"Die Liebe der Eltern ist ganz, egal wie oft sie geteilt wird."

– Robert Brault

Hattest du es dir zuvor anders vorgestellt, Großmutter zu werden? Oder hast du es genauso erwartet?

"Alles, was wir entscheiden müssen, ist, was wir mit der Zeit machen, die uns gegeben ist."

- J.R.R. Tolkien

Was ist heute für dich das Beste daran, Oma zu sein?

Hast du eine schönste Erinnerung als Großmutter?

"Hinter jedem kleinen Kind, das an sich selbst glaubt, steht ein Elternteil, das zuerst geglaubt hat."

-Matthew Jacobson

Kannst du begründen, warum gerade diese Erinnerung für dich die Schönste ist?

"Gehe selbstbewusst in die Richtung deiner Träume! Lebe das Leben, das du dir vorgestellt hast."

Henry David Thoreau

Hattest du einen Kindheitstraum? Was weißt du noch darüber?

"Der Wohlstand ist nicht ohne viele Ängste und Katastrophen; und das Unglück ist nicht ohne Trost und Hoffnung."

- Francis Bacon

Ist aus deinem Kindheitstraum Realität geworden? Vielleicht auch nur in Teilen?

"Manchmal sind die Fragen kompliziert und die Antworten sind einfach."

- Dr. Seuss

Was war dein größter Traum als Jugendliche?

Wir haben nichts zu fürchten, außer der Angst selbst.

– Franklin D. Roosevelt

Ist aus deinem Kindheitstraum Realität geworden? Vielleicht auch nur in Teilen?

"Der einzige schöne Weg ist der, den du erschaffst."

- Maxime Lagacé

Welchen Traum hattest du als Erwachsene?

"Es ist egal, wie langsam du gehst, solange du nicht stehen bleibst."

\- Konfuzius

Konntest du deinen Traum als Erwachsene in die Realität umsetzen?

"Mut ist die wichtigste aller Tugenden, denn ohne Mut kann man keine andere Tugend konsequent praktizieren."

Maya Angelou

Hast du eine liebste Erinnerung mit deiner Familie? Verrätst du sie?

"In drei Worten kann ich alles zusammenfassen, was ich über das Leben gelernt habe. Es geht weiter."

\- Robert Frost

Kannst du erzählen, warum gerade diese Erinnerung mit deiner Familie für dich so wertvoll ist?

"Im Leben geht es nicht darum, sich selbst zu finden. Im Leben geht es darum, sich selbst zu erschaffen."

George Bernard Shaw

Gibt es in deiner Familie eine für euch wichtige Geschichte, die von Generation zu Generation weitergegeben wurde?

"Du bist heute, wohin dich deine Gedanken gebracht haben; du wirst morgen sein, wohin dich deine Gedanken bringen."

\- James Allen

Warum glaubst du, dich an diese Geschichte besonders zu erinnern? Welche Bedeutung hat sie für dich?

"Die schönsten Dinge sind nicht mit Geld verbunden, es sind Erinnerungen und Momente. Wenn du diese nicht feierst, können sie an dir vorbeigehen."

Alek Wek

Welche Feiertage hast du mit deiner Familie zusammen gefeiert?
Wie hast du sie gefeiert?

Auf welche Weise hast du die Feiern im Kreis deiner Familie besonders genossen?

"Alle unsere Träume können wahr werden, wenn wir den Mut haben, sie zu verfolgen."

– Walt Disney

Was hat dich als Erwachsene am meisten inspiriert?

"Denke immer daran, dass du mutiger bist als du glaubst, stärker als du scheinst, schlauer als du denkst und doppelt so schön wie du dir jemals vorgestellt hast."

- Dr. Seuss

Warum hatte das einen so großen Einfluss auf dich?

"Du musst tanzen, als ob niemand zusieht, lieben, als ob du nie verletzt wirst, singen, als ob niemand zuhört, und leben, als ob es der Himmel auf Erden wäre."

\- William W. Purkey

Welchen Job in deinem Arbeitsleben mochtest du am liebsten?
Kannst du es begründen?

"Wenn sich eine Tür des Glücks schließt, öffnet sich eine andere; aber oft schauen wir so lange auf die geschlossene Tür, dass wir die, die sich für uns geöffnet hat, nicht sehen."

- Helen Keller

Füge ein Foto deiner schönsten Reise ein.

Welcher war der faszinierendste Ort, den du je besucht hast und wo liegt er? Erzähle die Geschichte der schönsten Reise deines Lebens.

Füge ein Foto deiner
schönsten Reise ein.

"Unsere Erinnerung ist eine vollkommenere Welt als das Universum: Sie gibt denen, die nicht mehr existieren, das Leben zurück."

\- Guy de Maupassant

Füge ein Kindheitsfoto ein.

Hast du eine außergewöhnlich schöne Kindheitserinnerung?

Warum sticht gerade diese Erinnerung für dich so heraus?

"Man lebt in der Hoffnung, eine Erinnerung zu werden."

- Antonio Porchia

Hast du eine besonders schöne Erinnerung an deine Zeit als Teenager?

Warum sticht gerade diese Erinnerung für dich am meisten heraus?

"Wir erinnern uns nicht an Tage; wir erinnern uns an Momente."

- Cesare Pavese

Füge ein Foto aus dem
Erwachsenenalter ein.

Gibt es eine besonders schöne Erinnerung an dein Erwachsenenalter?

Warum sticht gerade diese Erinnerung für dich am stärksten heraus?

"Halte deine Augen auf die Sterne gerichtet,
und deine Füße auf dem Boden."

- Theodore Roosevelt

Gibt es etwas in deinem Leben, für das du gern mehr Zeit und Energie aufbringen würdest? Was ist es?

Warum wünschst du dir, es häufiger in deinem Leben zu machen?

"Der einzige Unterschied zwischen gewöhnlich und außergewöhnlich ist dieses kleine Extra."

– Jimmy Johnson

Gibt es auch etwas in deinem Leben, das du weniger tun oder dir abgewöhnen möchtest? Was ist es?

Warum würdest du es gern weniger tun oder aufgeben?

"Du brauchst nicht die ganze Treppe zu sehen, nimm nur die erste Stufe."

– Martin Luther King Jr.

Hattest du als Kind, eine Liste von Dingen, die du in deinem Leben unbedingt tun wolltest? Wie sehr hat sich diese Liste verändert, als du älter wurdest?

"Wir neigen dazu zu vergessen, dass Glück nicht dadurch entsteht, dass wir etwas bekommen, was wir nicht haben, sondern dadurch, dass wir anerkennen und schätzen, was wir haben."

- Frederick Keonig

Wenn du die Chance hättest, drei Dinge von dieser Wunschliste zu tun, welche würdest du wählen? Warum würdest du gerade diese wählen?

Was hält dich davon ab, deine Wünsche umzusetzen?

"Es ist nie zu spät, das zu sein, was du hättest sein können."

\- George Eliot

Welches Verhältnis hast du zur Religion?
Wie war deine religiöse Erziehung?
Kannst du darüber eine Geschichte erzählen?

"Sobald du dich für die Hoffnung entscheidest, ist alles möglich."

– Christopher Reeve

Welche Einstellung hast du heute als Erwachsene zur Religion?

"Glaube an dich selbst, nimm deine Herausforderungen an, grabe tief in dir selbst, um Ängste zu überwinden. Lass dich niemals von jemandem unterkriegen. Du musst weitermachen."

- Chantal Sutherland

Erzähle eine Geschichte, in der dein Leben nicht so gelaufen ist, wie ursprünglich geplant. Was ist schief gelaufen? Welche Ereignisse haben deinem Leben eine neue Wendung gegeben?

"Du selbst, genauso wie jeder andere im gesamten Universum, verdienst deine Liebe und Zuneigung."

– Buddha

Wie bist du mit der Veränderung umgegangen?

"Du kannst nicht zurückgehen und den Anfang ändern, aber du kannst dort beginnen, wo du bist und das Ende ändern."

\- C.S. Lewis

Hast du ein persönliches Geheimnis, das andere Menschen nicht kennen? Erzählst du etwas darüber?

"Versuche nicht, ein Mann des Erfolges zu werden, sondern werde ein Mann des Wertes."

\- Albert Einstein

Worauf bist du in deinem Leben momentan am stolzesten?

Warum bist du darauf so stolz?

"Dunkelheit kann die Dunkelheit nicht vertreiben: nur Licht kann das tun. Hass kann den Hass nicht vertreiben: nur Liebe kann das tun."

- Martin Luther King Jr.

Wegen welchen persönlichen Erbes soll man sich an dich erinnern? Welches Vermächtnis möchtest du gerne weitergeben?

Hast du einen bestimmten Grund dafür?

"Das Abenteuer des Lebens ist zu lernen. Der Zweck des Lebens ist es zu wachsen. Die Natur des Lebens ist es, sich zu verändern. Die Herausforderung des Lebens ist es, zu überwinden. Die Essenz des Lebens ist es, sich zu kümmern. Die Chance des Lebens ist es, zu dienen. Das Geheimnis des Lebens ist es, zu wagen. Die Würze des Lebens ist es, Freundschaft zu schließen. Die Schönheit des Lebens ist es, zu geben."

- William Arthur Ward

Wenn die Chance für eine Neuanfang hättest, was würdest du anders machen?

"Sei wer du bist und sag, was du fühlst. Denn die, die das stört, zählen nicht und die, die zählen, stört es nicht."

- Dr. Seuss

Welche Gründe hast du für deine Entscheidung?

"Die besten und schönsten Dinge auf der Welt kann man nicht sehen oder gar anfassen - man muss sie mit dem Herzen fühlen."

Helen Keller

Welchen Rat würdest du deinem jüngeren Ich geben, wenn du könntest? Schreibe bitte einen Brief mit Ratschlägen für dein jüngeres Ich.

Liebes jüngeres Ich,

"Wenn du alle Möglichkeiten ausgeschöpft hast, erinnere dich daran: Du hast es nicht getan."

– Thomas Edison

Mit Hoffnung und Liebe,

"Die beste Vorbereitung für morgen ist, heute dein Bestes zu geben."

- H. Jackson Brown, Jr.

Welchen Rat würdest du deinen Enkelkindern im Teenageralter geben?

"Halte dein Gesicht immer dem Sonnenschein entgegen - und die Schatten werden hinter dich fallen."

-Walt Whitman

Welchen Rat möchtest du deinen alleinstehenden jungen erwachsenen Enkeln geben?

"Was hinter dir liegt und was vor dir liegt, verblasst im Vergleich zu dem, was in dir liegt."

Ralph Waldo Emerson

Welchen Rat gibst du deinen verheirateten Enkelkindern?

"Es gibt zwei Möglichkeiten, Licht zu verbreiten: die Kerze zu sein oder der Spiegel, der es reflektiert."

Edith Wharton

Welchen Ratschlag zur Erziehung möchtest du deinen Enkelkindern geben?

"Die einzige Reise ist die nach innen."

Rainer Maria Rilke

Besitzt du Lebensratschläge und -weisheiten, die du gerne weitergeben möchtest?

Schreibe einen Brief an deine Enkelkinder mit deinen Hoffnungen für ihr Leben und ihre Zukunft.

Impressum

Für Fragen und Anregungen:

Daniel Völz

Tamar Mepe Straße 14
0112 Tiflis, Georgien
E-Mail: hello@daniel-voelz.com

Mitwirkende:

Covergestaltung und -konzept: Wolkenart - Marie-Katharina Becker, www.wolkenart.com

Redaktion: Leopold Heptner

Made in the USA
Monee, IL
28 August 2021

049a5d55-47ff-4854-b2e7-d1e287908825R01